PRÓLOGO

Este libro está dirigido a todas las personas, estudiantes y empresarios que necesiten un conocimiento básico de la contabilidad. Este estudio facilita la comprensión de los fundamentos y el manejo de la contabilidad, tanto en el ámbito empresarial como en cuestiones personales, incluyendo el control del presupuesto del hogar.

No nos detendremos en definiciones complejas, historias o biografías. Nuestro objetivo es proporcionar, de la manera más sencilla y clara posible, una comprensión fundamental y duradera de la contabilidad.

El objetivo de este libro es proporcionar los conocimientos básicos necesarios y fortalecer el dominio de la contabilidad. A medida que la empresa realice transacciones más complejas, como inversiones, reparto de utilidades, aumentos de capital, elaboración de estados de costos, flujos de caja, entre otras muchas operaciones, los registros contables también se volverán más sofisticados. No obstante, una vez que el lector haya asimilado el conocimiento y las estrategias presentadas en este texto, estará capacitado para emprender, ampliar y aplicar sus habilidades y competencias en el ámbito contable.

CONTENIDO

PARTE UNO: EL INICIO

Comencemos con la idea de que deseas emprender un negocio. Es importante aclarar que esto no implica que no puedas aplicar los conocimientos que adquieras en este proceso a tus actividades personales o domésticas. Para iniciar, supongamos que cuentas con un capital de $5,000

El negocio que vas a iniciar es la venta de teléfonos móviles; por consiguiente, debes registrar una empresa, el tipo de empresa lo decides tu.

Comenzaremos con la ecuación básica de la contabilidad, que constituye un modelo matemático fundamental para los principios de contabilidad generalmente aceptados. A partir de esta base, elaboraremos los estados financieros de la empresa, los cuales representan el resultado final de las operaciones contables y transacciones realizadas. Estos estados financieros son esenciales para llevar a cabo un análisis detallado de la situación financiera y del rendimiento productivo de la empresa, aspectos que se explicarán en detalle mas adelante.

Ecuación Básica de la Contabilidad:

ACTIVO=PASIVO+CAPITAL

Al registrar tu empresa, ya sea como persona jurídica o natural, con un aporte inicial de $5,000 en efectivo, por ejemplo, este monto debe estar depositado en una cuenta bancaria a nombre de la empresa. Por lo tanto, dispondrás de un saldo de $5,000, que representará el capital inicial de tu negocio. A partir de este capital, la ecuación básica de la contabilidad se formularía de la siguiente manera:

ACTIVO=PASIVO+CAPITAL

$5.000=0+$5.000

Supongamos que la empresa **Galope** inició operaciones el 1 de enero de 2023. El Balance General de Apertura se presenta con la siguiente información, reflejando el estado actual de la empresa, ya que aún no se han iniciado las actividades comerciales.

GALOPE

Balance General de Apertura al 01 de enero de 2023

Activo

Activo Circulante (Corriente)		
Banco	$5.000,00	
Total Activo Circulante		$5.000,00
Total Activo		**$5.000,00**

Pasivo y Capital

Pasivo		0,00
Capital (Patrimonio)		$5.000,00
Total Pasivo y Capital		**$5.000,00**

El capital para la formación de una empresa puede constituirse tanto por dinero como por una combinación de activos fijos y dinero (activo circulante). Esta decisión recae en los accionistas.

Comencemos: la empresa **Movilfast** inicia sus operaciones con las aportaciones de sus accionistas, quienes contribuyen no solo con efectivo, sino también con activos fijos, como equipos de oficina valorados en $1,000, además de $4,000 en efectivo. Con estos aportes, el balance general de apertura de la empresa se presentaría de la siguiente manera:

<u>MOVILFAST</u>

<u>Balance General de Apertura al 01 de enero de 2023</u>

<u>Activo</u>

<u>Activo Circulante (Corriente)</u>

Banco	<u>$4.000,00</u>	
Total Activo Circulante		$4.000,00

<u>Activo Fijo</u>

Equipos de Oficina	<u>1.000,00</u>	
Total Activo Fijo		<u>1.000,00</u>
Total Activo		**<u>$5.000,00</u>**

<u>Pasivo y Capital</u>

Pasivo	0,00
<u>Capital</u> (Patrimonio)	$5.000,00
Total Pasivo y Capital	**<u>$5.000,00</u>**

PARTE DOS: DESARROLLO DE LAS ACTIVIDADES

ASIENTOS EN LIBRO DIARIO

Las herramientas básicas que la empresa debe tener para el registro, control y seguimiento de sus operaciones comerciales son el **"Libro Diario"**, el **"Libro Mayor"** y el **"Libro de Inventarios"**. Existen otros libros secundarios que también son importantes, pero para el tema que nos ocupa, trabajaremos por ahora con los mencionados.

Todos los movimientos financieros y contables que ocurren en una empresa o entidad son representados en cuentas contables. Las cuentas contables son una herramienta que permite el análisis, clasificación y registro de las transacciones financieras de la empresa. En general, las cuentas contables sirven para registrar todo movimiento económico, mostrando en detalle el origen y el destino de los recursos. Dichos movimientos se organizan como débito o crédito, según el tipo de transacción.

Las partes que componen las cuentas contables son las siguientes:

1. **Nombre de la cuenta**: Identifica al titular o concepto al que se refiere la cuenta.

2. **Débito**: Se registra en el lado izquierdo de la cuenta (Debe). Representa las entradas o aumentos en cuentas de activos y gastos, y las disminuciones en cuentas de pasivos, patrimonio e ingresos.

3. **Crédito**: Se registra en el lado derecho de la cuenta (Haber) e indica las salidas o reducciones de activos y gastos, así como los aumentos en pasivos, patrimonio e ingresos.

4. **Saldo**: Es la diferencia entre el Débito (Debe) y el Crédito (Haber).

Más adelante, cuando entremos en la sección de los asientos contables en el Libro Diario, les mostraré una forma más sencilla de identificar qué corresponde al Debe y qué al Haber.

Una vez que hayamos registrado la empresa y comenzado nuestras actividades, realizaremos el primer asiento en el libro de Diario, donde se registrará la apertura de la empresa, identificando a los accionistas y el capital aportado. Luego, trasladaremos los saldos iniciales a los libros de Mayor, registrando la fecha, el concepto y el origen de la operación.

El primer asiento sería de la siguiente manera:

FECHA	CUENTA	DEBE	HABER
Enero/01/2023	Equipos de Oficina	1.000,00	
	Banco	4.000,00	
	Capital		5.000,00
Para registrar el asiento de apertura de la empresa Movilfast y su capital de apertura. (Explicación detallada y amplia)			

El 8 de enero de 2023:

La empresa compra 200 unidades de teléfonos para la venta por $2,500.00 a la compañía **Telmovil**, pagando $500 al contado y los $1,000 restantes a crédito.

¿Cómo se registra en el Libro Diario? Han ingresado a nuestra empresa 200 unidades de teléfonos, por un valor de $2,500.00. Para registrar esta operación, identificaremos una cuenta, que llamaremos "**Compras**" (el nombre de la cuenta puede variar según el criterio del contador).

Dado que los teléfonos adquiridos ingresan a la empresa, se registran en el Debe de la cuenta "Compras". Si el pago se realiza desde la cuenta bancaria, este se refleja en el Haber de la cuenta "Banco". Asimismo, cualquier obligación o pasivo, es decir, el monto que debemos pagar, también se registra en el Haber.En conclusión, el asiento en el Libro Diario sería el siguiente:

FECHA	CUENTA	DEBE	HABER
Enero/08/2023	Compras	2.500,00	
	Banco		1.500,00
	Cuentas por Pagar		1.000,00
Para registrar la compra de teléfonos a la empresa Telmóvil Por un monto de $2.500,00. (Explicación detallada)			

La clave para identificar y manejar en la cuenta los movimientos del Debe y del Haber se basa en una regla infalible: "Lo que entra o ingresa se registra en el Debe, y lo que sale o egresa se registra en el Haber." Partiendo de esta regla, comenzaremos a registrar las siguientes operaciones de la empresa en el libro **"Diario"**.

El 9 de enero de 2023:

Se vendieron 5 teléfonos por un total de $125. Ese mismo día se compraron materiales de Aseo por $28. El registro contable sería el siguiente: como ingresaron $125 al Banco, se debe registrar en el Debe. Sin embargo, también se realizaron pagos en efectivo por

$18 para material de aseo, por lo que el ingreso neto en el Banco sería de $107.

El asiento en el Libro Diario sería:

FECHA	CUENTA	DEBE	HABER
Enero/09/2023	Banco	125,00	
	Ventas		125,00
	Material de Aseo	28,00	
	Banco		28,00
Para registrar la venta de 5 unidades... (Explicación detallada)			

Para explicar con mayor claridad qué se registra en el Debe y qué en el Haber, recordemos que todo lo que ingresa o entra se registra en el Debe. Por ejemplo, al ingresar dinero en el banco por la venta de 5 unidades, se debe registrar en el **"Debe"** de la cuenta Banco. Como contrapartida a este registro, utilizamos la cuenta Ventas, donde se registrará en el **"Haber"** el monto correspondiente a dichas ventas.

Asimismo, cuando salen $28,00 del banco para cubrir gastos generales (como material de aseo y de oficina), este movimiento se registra en el Haber de la cuenta **"Banco"**, ya que se trata de una salida de dinero. La contrapartida se registrará en la cuenta **"Material de Aseo"**, donde se anotará en el Debe el monto del gasto de $18,00.

A continuación, registraremos algunas transacciones de la empresa para profundizar en los asientos o registros del Libro Diario. Es importante aclarar que, a medida que se realizan estos registros en el **"Libro Diario"**, también es fundamental trasladar toda esta información al "**Libro Mayor**", asignándola a su cuenta correspondiente y ubicación adecuada, ya sea en el Debe o en el Haber.

El 15 de enero de 2023:

Se realizó el pago de un sueldo al trabajador por $300,00. Se vendieron de contado 40 unidades de teléfonos por un total de $1.000,00 y se compraron de contado 150 unidades de teléfonos móviles por $2.250,00. Además, se pagaron $30,00 por el flete de dicha compra, y se efectuó un pago a Telmovil de $500,00.

Es importante destacar que el orden en el que registro las cuentas en el libro diario tiene el objetivo de explicar el proceso de manera más clara, facilitando la comprensión del manejo del Debe y el Haber. El criterio para organizar las cuentas en el Libro Diario depende de tu juicio profesional y debe estar en línea con los principios de contabilidad generalmente aceptados.

FECHA	CUENTA	DEBE	HABER
ENERO/15/2023	BANCO		300,00
	SUELDOS	300,00	
	BANCO	1.000,00	
	VENTAS		1.000,00
	COMPRAS	2.250,00	
	FLETES EN COMPRAS	30,00	
	BANCO		2.280,00
	CUENTAS POR PAGAR	500,00	
	BANCO		500,00
Para registrar las operaciones del día 15 de enero de 2024; la venta de 40 unidades.....descripción total de las operaciones			

A continuación, explicaremos nuevamente cómo realizamos este asiento de diario, considerando el principio del manejo del Debe y el Haber:

1.- Se pagaron sueldos por $300,00. Para cubrir este pago, se utilizó dinero del banco, lo que significa que en la cuenta **"Banco"** se registran $300 en el Haber, ya que representa una salida de dinero. Como contrapartida, se registra el mismo monto en el Debe de la cuenta **"Sueldos"**, la cual se utiliza para identificar los pagos realizados al personal.

2.-Ese día se vendieron 40 unidades de teléfonos por un valor de $1.000,00, monto que ingresó al banco. Siguiendo el principio contable de que lo que entra se registra en el Debe, se registrarán los $1.000,00 en el Debe de la cuenta **"Banco"**. Como contrapartida, el mismo monto se anotará en el Haber de la cuenta **"Ventas"**, utilizada para reflejar las ventas de la empresa.

3.-Se adquirió mercancía al contado por un valor de $2,250.00, pagando además $30 por concepto de flete. Siguiendo el método de registro contable de lo que entra al Debe y lo que sale al Haber, se registra la cuenta de **"Compras"** en el Debe por el valor de $2,250.00, ya que ingresó mercancía. Como contrapartida, se acredita la cuenta de **"Banco"** en el Haber por $2,250.00, ya que ese monto salió del banco.

Adicionalmente, se pagaron $30 por flete, los cuales también se registran en el Haber de la cuenta **"Banco"**, ya que salió del banco, y como contrapartida se debita la cuenta de **"Fletes en Compra"**.

Ese mismo día, se realizó un pago de $500.00 a Telmovil, lo que implica un registro en el Haber de la cuenta **"Banco"** por dicho monto. Como contrapartida, se utiliza la cuenta de "**Cuentas por Pagar"**, la misma que se había usado previamente para registrar compras a crédito a Telmovil.

Podríamos seguir registrando transacciones diarias para fines contables y explicativos de la empresa. Sin embargo, dado que nuestro enfoque es proporcionar un conocimiento básico de la contabilidad y el manejo de los asientos de diario, solo registraré algunas transacciones más para concluir esta sección y proceder con el registro y manejo del Libro Mayor.

16 de enero de 2023:

La empresa vendió 100 unidades al contado por un total de $2,500.00, aplicando un descuento del 5%. Además, pagó $300 por el arrendamiento del local y gastó $150 en publicidad.

20 de enero de 2023:

Se pagaron $120 por el consumo de energía eléctrica y $80 por la reparación del equipo de aire acondicionado.

El 30 de diciembre de 2023:

Se pagaron Bonos a los trabajadores por un total de $500.00, además de sueldos por $300.00. La depreciación anual de los equipos de oficina fue del 10%. Asimismo, se vendieron 80 unidades de teléfonos por un valor de $2,000.00, pero se devolvieron 5 unidades, correspondientes a $125.00.

Los respectivos asientos de diarios serían:

FECHA	CUENTA	DEBE	HABER
ENERO/16/2023	BANCO	2.375,00	
	DESCUENTOS Y DEVOLUCIONES EN VENTAS	125,00	
	VENTAS		2.500,00
	ALQUILERES	300,00	
	PUBLICIDAD	150,00	
	BANCO		450,00
Para registrar las operaciones del día 16 de enero de 2024; la venta de 100 unidades.....descripción total de las operaciones			

Breve explicación: Se retiraron $450.00 del Banco para el pago de publicidad y alquileres. Siguiendo el criterio establecido, este movimiento se registra en el Haber de la cuenta "**Banco**", ya que es una salida de fondos. Como contrapartida, se debitan las cuentas de "**Alquileres**" y "**Publicidad**"

FECHA	CUENTA	DEBE	HABER
ENERO/20/2023	SERVICIO ELÉCTRICO	120,00	
	MANTENIMIENTO Y REPARACIONES	80,00	
	BANCO		200,00
Para registrar las operaciones del día 20 de enero de 2024; descripción total de las operaciones efectuadas			

Salieron $200.00 del Banco, por lo que se registra en el Haber de la cuenta "**Banco**". Como contrapartida, se debitan las cuentas de "**Mantenimiento y Reparaciones**" y "**Servicio Eléctrico**" por los montos correspondientes.

FECHA	CUENTA	DEBE	HABER
DICIEMBRE/30/2023	BONOS TRABAJADORES	500,00	
	SUELDOS	300,00	
	BANCO	1.875,00	800,00
	DEPRECIACIÓN ACTIVO FIJO	100,00	
	DEPRECIACIÓN ACUMULADA		100,00
	DESCTOS Y DEV. EN VENTAS	125,00	
	VENTAS		2.000,00
Para registrar las operaciones del día 30 de diciembre de 2024; descripción total de las operaciones			

Ingresó efectivo en el banco, producto de las ventas del día 30, por un total de $1,850.00, después de descontar una devolución de $125.00. Dado que el dinero ingresó, se registra en el Debe de la cuenta "**Banco**", y como contrapartida, se registra ese monto en el Haber de la cuenta "**Ventas**". Además, se pagaron sueldos y Bonos a los trabajadores, por lo que se registra la salida de dinero del banco en el Haber de la cuenta **Banco**; siendo su contrapartida las cuentas "**Sueldos**" y "**Bonos Trabajadores**".

La depreciación de los equipos de oficina se registra como un gasto, calculado en función de la vida útil de los activos. En nuestro caso, esta cuenta se denomina "**Depreciación de Equipos de Oficina**", y su contrapartida es "**Depreciación Acumulada de Equipos de Oficina**". Esta última reduce el valor de los activos a medida que transcurre el tiempo o se utilizan.

Con la explicación previa, clara y concisa sobre cómo comprender la contabilidad y gestionar los registros de los asientos diarios en el Libro Diario, es importante que sepa que, a medida que se registren las operaciones diarias en el "**Libro Diario**", todos los saldos de cada operación deben trasladarse al "**Libro Mayor**".

Este proceso debe incluir de manera detallada la fecha y el concepto de cada operación en su respectiva cuenta.

PARTE TRES: LIBRO DE MAYOR

El libro mayor, también conocido como libro mayor de contabilidad, es un documento fundamental que registra todos los movimientos de las cuentas de una empresa. Su propósito es reflejar tanto las cuentas de balance como las de gastos e ingresos, permitiendo así conocer el saldo restante en cada cuenta. Todos los movimientos de la empresa deben estar debidamente reflejados en este documento.

La función principal del libro mayor es registrar en cada cuenta contable las operaciones que se generan y se consignan en el libro diario a lo largo del ejercicio económico. Las operaciones se anotan de manera cronológica, lo que facilita el seguimiento del saldo que queda en cada cuenta a medida que se registran las distintas transacciones.

De acuerdo con los parámetros previamente establecidos, presentamos a continuación los registros correspondientes en el "Libro Mayor", derivados de los asientos de diario que fueron detallados anteriormente. Estos registros reflejan el desglose de las transacciones y movimientos contables, permitiendo un seguimiento preciso de las cuentas y proporcionando una visión clara del estado financiero de la empresa.

BANCO

FECHA	DESCRIPCIÓN	DEBE	HABER	SALDO
1-ene	Parte del Capital Inicial	4.000,00		4.000,00
8-ene	Pago Compras Telmovil		1.500,00	2.500,00
9-ene	Ventas del día	125,00		2.625,00
9-ene	Pago Material de Aseo		28,00	2.597,00
15-ene	Pago de Sueldos empleados		300,00	2.297,00
15-ene	Ventas del día	1.000,00		3.297,00
15-ene	Compras a Telmovil		2.280,00	1.017,00
15-ene	Pago a Telmovil		500,00	517,00
16-ene	Ventas del día	2.375,00		2.892,00
16-ene	Pago Alquileres		300,00	2.592,00
16-ene	Pago Publicidad		150,00	2.442,00
20-ene	Pago Servicios		200,00	2.242,00
30-dic	Pago Bonos y Sueldos		800,00	1.442,00
30-dic	Ventas del día	1.875,00		3.317,00

CAPITAL

FECHA	DESCRIPCIÓN	DEBE	HABER	SALDO
1-ene	Capital Inicial aportado		-5.000,00	-5.000,00

EQUIPOS DE OFICINA

FECHA	DESCRIPCIÓN	DEBE	HABER	SALDO
1-ene	Parte inicial de Capital	1.000,00		1.000,00

COMPRAS

FECHA	DESCRIPCIÓN	DEBE	HABER	SALDO
8-ene	Compras a Telmovil	2.500,00		2.500,00
15-ene	Compras a Telmovil	2.250,00		4.750,00

PUBLICIDAD

FECHA	DESCRIPCIÓN	DEBE	HABER	SALDO
16-ene	Pago Publicidad	150,00		150,00

DEPRECIACIÓN ACUM EQUIPOS

FECHA	DEBE	HABER	SALDO
30-dic		-100,00	-100,00

SUELDOS Y SALARIOS

FECHA	DESCRIPCIÓN	DEBE	HABER	SALDO
15-ene	Pago Sueldos	300,00		300,00
30-dic		300,00		600,00

DESCUENTOS Y DEVOLUCIONES VENTA

FECHA	DESCRIPCIÓN	DEBE	HABER	SALDO
16-ene	descuento por Ventas	125,00		125,00
30-dic	Devoluciones en Venta	125,00		250,00

VENTAS

FECHA		DEBE	HABER	SALDO
9-ene	Ventas del dia		125,00	-125,00
15-ene	Ventas del dia		1.000,00	-1.125,00
16-ene	Ventas del dia		2.500,00	-3.625,00
30-dic	Ventas del dia		2.000,00	-5.625,00

SERVICIO ELÉCTRICO

FECHA	DEBE	HABER	SALDO
20-ene	120,00		120,00

ALQUILERES

FECHA	DESCRIPCIÓN	DEBE	HABER	SALDO
16-ene	Pago Alquiler	300,00		300,00

MATERIAL DE ASEO

FECHA	DEBE	HABER	SALDO
9-ene	28,00		28,00

BONOS TRABAJADORES

FECHA	DEBE	HABER	SALDO
30-dic	500,00		500,00

MANTENIMIENTO Y REPARACIONES

FECHA	DEBE	HABER	SALDO
20-ene	80,00		80,00

FLETES EN COMPRAS

FECHA	DESCRIPCIÓN	DEBE	HABER	SALDO
15/01	Pago Fletes en Compras	30,00		30,00

CUENTAS P/PAGAR

FECHA	DESCRIPCIÓN	DEBE	HABER	SALDO
8-ene	Compra a Crédito Telmovil		1.000,00	-1.000,00
15-ene	Pago a Telmovil	500,00		-500,00

DEPRECIACIÓN EQUIPOS OFICINA

FECHA	DEBE	HABER	SALDO
30-dic	100,00		100,00

Una vez que se hayan registrado en el Libro Mayor todas las operaciones diarias del Libro Diario, el siguiente paso es presentar el resultado financiero de la empresa, analizar sus operaciones y verificar sus ganancias y pérdidas. Para ello, se elabora el estado de resultados (también conocido como Estado de Ganancias o Pérdidas).

Para obtener este resultado, es necesario comprobar los saldos de cada cuenta del Libro Mayor, información que se refleja en el Balance de Comprobación.

PARTE CUATRO: BALANCE DE COMPROBACIÓN, ESTADO DE GANANCIAS Y PÉRDIDAS Y BALANCE GENERAL

El Balance de Comprobación incluye la totalización de los saldos de todas las cuentas contables afectadas durante el periodo. Refleja la suma de los movimientos en el debe y el haber de las distintas cuentas, así como sus saldos correspondientes.

MOVILFAST

Balance de Comprobación al 31 de diciembre de 2023

CUENTA	DEBE	HABER
BANCO	3.317,00	
CUENTAS POR PAGAR		500,00
COMPRAS	4.750,00	
VENTAS		5.625,00
CAPITAL		5.000,00
EQUIPOS DE OFICINA	1.000,00	
SUELDOS Y SALARIOS	600,00	
FLETES EN COMPRAS	30,00	
DESCUENTOS Y DEVOLUCIONES VENTA	250,00	
ALQUILERES	300,00	
PUBLICIDAD	150,00	
MATERIAL DE ASEO	28,00	
SERVICIO ELÉCTRICO	120,00	
MANTENIMIENTO Y REPARACIONES	80,00	
BONOS TRABAJADORES	500,00	
DEPRECIACIÓN EQUIPOS OFICINA	100,00	
DEPRECIACIÓN ACUMULADA EQUIPOS		100,00
TOTALES COMPROBADOS	11.225,00	11.225,00

Una vez obtenido el balance de comprobación, procederemos a elaborar el Estado de Ganancias y Pérdidas, un informe financiero que detalla la situación de la empresa, indicando si ha generado ganancias o incurrido en pérdidas durante el periodo contable.

Para ello, simplemente sumamos los ingresos obtenidos por la empresa durante el periodo contable que deseamos analizar y restamos los costos y gastos generados en ese mismo periodo.

El objetivo de este libro es proporcionar los conocimientos básicos necesarios y fortalecer el dominio de la contabilidad. A medida que la empresa realice transacciones más complejas, como inversiones, reparto de utilidades, aumentos de capital, elaboración de estados de costos, flujos de caja, entre otras muchas operaciones, los registros contables también se volverán más sofisticados. No obstante, una vez que el lector haya asimilado el conocimiento y las estrategias presentadas en este texto, estará capacitado para emprender, ampliar y aplicar sus habilidades y competencias en el ámbito contable.

A continuación, procederemos a elaborar el **Estado de Ganancias y Pérdidas**. Este documento contable tiene como objetivo fundamental identificar y detallar los ingresos generados por la empresa, así como restar todos los gastos operativos incurridos durante un período específico. A través de este análisis, podremos determinar de manera clara y precisa si la empresa ha obtenido ganancias o, por el contrario, ha sufrido pérdidas. Este informe no solo proporciona una visión general de la salud financiera de la organización, sino que también es una herramienta crucial para la toma de decisiones estratégicas y la planificación futura.

Para ello, primero debemos calcular los ingresos generados por las ventas realizadas durante el periodo que se desea analizar.

Ingresos:
Ventas Brutas: $5.625,00
Descuentos y Devoluciones en Ventas: 250,00
                    Ingresos por Ventas: $5.375,00

El costo de la mercancía vendida se calcularía de la siguiente manera: se toma el Inventario Inicial de Mercancías, se le suma el costo total de las compras realizadas durante el periodo, y luego se resta el valor del Inventario Final. Este cálculo permite conocer el costo real de las mercancías que se han vendido durante un periodo específico, proporcionando una visión clara de los costos asociados a la actividad comercial. En este caso no existe inventario inicial. El **Inventario Final** se determinó en $1.525,00.

COSTO DE LAS VENTAS (MERCANCÍA VENDIDA)

Inventario Inicial	0,00
Compras	$4.750,00
Fletes en Compras	30,00
	$4.780,00
Menos Inventario Final	1.525,00
Total Costo de Ventas	**$3.255,00**

En conclusión, para elaborar el Estado de Resultados o de Pérdidas y Ganancias se deben seguir los siguientes pasos:

1. Seleccionar el periodo a analizar.
2. Calcular el monto total de las ventas.
3. Determinar la utilidad bruta.
4. Establecer los gastos operativos y generales, es decir, todos los costos involucrados en el proceso operacional hasta la venta del producto.
5. Calcular la utilidad generada durante el período.

MOVILFAST

Estado de Ganancias y Pérdidas
Al 31 de diciembre de 2023

Ingresos

Ingresos por Venta:	$5.625,00	
Descuentos y Dev. en Ventas:	250,00	
Total Ingresos por Ventas		$5.375,00

Costo de la Mercancía Vendida:

Inventario Inicial	0,00	
Compras	$4.750,00	
Fletes en Compras	30,00	
	$4.780,00	
Inventario Final Mercancías	1.525,00	
Costo de la Mercancía V.		$3.255,00
Ingresos Brutos en Ventas		**$2.120,00**

Gastos Operativos:

Sueldos y Salarios	$600,00	
Bono Trabajadores	500,00	
Publicidad	150,00	
Alquileres	300,00	
Depreciación Equipos Oficina	100,00	
	$1.650,00	

Gastos Generales:

Servicio Eléctrico	$120,00	
Mantenimiento y Reparaciones	80,00	
Material de Aseo	28,00	
	$228,00	
Total Gastos		**$1.878,00**
Utilidad antes de Impuestos		**$242,00**

Una vez realizado el Estado de Ganancias y Pérdidas, todas estas operaciones deben registrarse en el Libro Diario. **Las cuentas transitorias, como ingresos, gastos, dividendos y la cuenta de pérdidas y ganancias, deben cerrarse, quedando con un saldo de cero**. Por su parte, las cuentas permanentes, como activos, pasivos y capital, no se cierran. A esto se le llama **"Asientos de Cierre del Ejercicio"**.

Mediante el asiento contable de cierre, se saldan todas las cuentas transitorias, cargando aquellas con saldo deudor y abonando las que tienen saldo acreedor. Este asiento marca la separación entre un ejercicio económico y el siguiente, siendo el último registro en el Libro Diario de ese periodo.

Asiento de Cierre:

FECHA	CUENTA	DEBE	HABER
31/12/2023	VENTAS	5.625,00	
	INVENTARIO MERC FINAL	1.525,00	
	DEV. Y DESC. EN VENTAS		250,00
	COMPRAS		4.750,00
	FLETES EN COMPRAS		30,00
	SUELDOS Y SALARIOS		600,00
	BONOS TRABAJADORES		500,00
	PUBLICIDAD		150,00
	ALQUILERES		300,00
	DEPRECIACIÓN EQUIPOS OFICINA		100,00
	SEERVICIO ELÉCTRICO		120,00
	MANTENIMIENTO Y REPARACIONES		80,00
	MATERIAL DE ASEO		28,00
	UTILIDAD ANTES DE IMPUESTOS		242,00
Para registrar el asiento de Cierre de la Empresa al 31/12/2023; y registro de Utilidades antes de impuestos			

Se puede observar la aparición de nuevas cuentas, como **Inventario de Mercancías**, **Depreciación de Equipos**, **Depreciación Acumulada de Equipos** y **Utilidad antes de Impuestos**. La Depreciación de Equipos se registra como una cuenta de gastos, mientras que su contrapartida, Depreciación Acumulada, aparece en el Balance General, reflejando la reducción del valor de un activo tangible a largo plazo a medida que transcurre su vida útil. Esto refleja cómo los activos pierden valor debido a factores como el paso del tiempo, el desgaste o la obsolescencia.

La cuenta de Utilidades se obtiene al restar los gastos y costos asociados al desarrollo de las actividades de la empresa de los ingresos generados. Si el resultado es positivo, representa una utilidad, lo que incrementa el capital (patrimonio) de la empresa. Sin embargo, si el resultado es negativo, se transforma en una pérdida, que disminuye el patrimonio. Las utilidades del ejercicio, en el Balance General, se ubican dentro del capital (patrimonio) de la empresa,

Una vez elaborado el Estado de Pérdidas y Ganancias, procederemos a preparar el **"Balance General"** de la empresa. Este documento contable refleja la situación económica y financiera de la compañía en un momento específico, ofreciendo toda la información a una fecha determinada de sus bienes, derechos y obligaciones.

El Balance General muestra de manera clara lo que la empresa posee (activos), lo que debe (pasivos) y su valor neto (patrimonio), proporcionando una visión completa de su salud financiera. Es una herramienta fundamental para evaluar la estabilidad y el valor real de la empresa en ese momento.

MOVILFAST
Balance General
al 31 de diciembre de 2023

ACTIVO

Activo Circulante (Corriente)
Banco	$3.317,00	
Inventario	1.525,00	
Total Activo Circulante		$4.842,00

Activo Fijo
Equipos de Oficina	$1.000,00	
Depreciación Acum. E. Oficina	100,00	
Total Activo Fijo		900,00
Total Activo		**$5.742,00**

PASIVO Y CAPITAL

PASIVO
Pasivo Corriente
Cuentas por Pagar	$500,00	
Total Pasivo Corriente	$500,00	
Total Pasivo		$500,00

CAPITAL
Capital	$5.000,00	
Utilidades antes de Impuestos	242,00	
Total Capital (Patrimonio)		$5.242,00
Total Pasivo y Capital		**$5.742,00**

Con este informe financiero concluimos nuestra guía sobre el uso de herramientas esenciales para dominar la contabilidad básica. Una vez adquiridos los conocimientos sobre el manejo de cuentas y su correcta utilización, estarás preparado para abordar áreas más complejas del ámbito contable y financiero que se aplican en el vasto universo empresarial.

El dominio de estas herramientas fundamentales y su comprensión te permitirán incursionar en temas más avanzados y especializados sin dificultad, facilitando tu adaptación a los desafíos que surgen en la gestión contable de cualquier organización. Este conocimiento será la base sobre la cual podrás construir habilidades contables más sofisticadas para contribuir al éxito y sostenibilidad financiera de cualquier empresa.

Canch El Halabi
Octubre 10 de 2024

Made in the USA
Columbia, SC
06 December 2024

48602000R00015